Robert Türcke

Der Rücktritt von zweiseitigen Verträgen wegen Säumniss von der anderen Seite

Robert Türcke

Der Rücktritt von zweiseitigen Verträgen wegen Säumniss von der anderen Seite

ISBN/EAN: 9783743438118

Hergestellt in Europa, USA, Kanada, Australien, Japan

Cover: Foto ©Suzi / pixelio.de

Manufactured and distributed by brebook publishing software (www.brebook.com)

Robert Türcke

Der Rücktritt von zweiseitigen Verträgen wegen Säumniss von der anderen Seite

Der Rücktritt
von
zweiseitigen Verträgen
wegen Säumniss von der anderen Seite.

Inaugural-Dissertation

zur

Erlangung der juristischen Doctorwürde

vorgelegt

der juristischen Fakultät der Georg-August-Universität

zu Göttingen

von

Robert Türcke.

Druck der Univ.-Buchdruckerei von W. Fr. Kästner.
1891.

§. 1.

Der Entwurf des bürgerlichen Gesetzbuchs für das deutsche Reich will im §. 360 verordnen:

„Erfüllt der eine Vertragschliessende seine Verbindlichkeit nicht, so ist der andere deshalb nicht berechtigt, einseitig vom Vertrage abzugehen, wenn nicht durch Gesetz oder Vereinbarung anderes bestimmt ist".

Dieser Satz entspricht bereits dem bestehenden Recht, dem gemeinen wie dem preussischen; er entspricht auch den Anforderungen der Kritik und der Philosophie an das Recht, worüber Ahrens[1]) citirt sein mag:

„Bei den gleichen oder onerosen Verträgen, wo auf jeder Seite eine Verbindlichkeit besteht, fragt es sich, ob, wenn der Eine nicht erfüllt, der Andere sich deshalb als seines Versprechens enthoben betrachten könne. Als allgemeine Regel darf dieses nicht anerkannt werden, weil das Unrecht des Einen keine Rechtfertigung für das Unrecht des Anderen abgiebt. Es bleibt nichts übrig, als den Gegner durch rechtliche Mittel zur Erfüllung zu zwingen oder, wenn diese Erfüllung durch Schuld oder Arglist unmöglich geworden ist, Entschädigung zu fordern. Niemand darf seinerseits die Erfüllung verweigern, ausser wenn die Weigerung als ein Mittel erscheinen kann, den Andern zur Erfüllung zu zwingen, oder um sich für bereits erlittene Verluste schadlos zu halten."

Durch den Abschluss eines Vertrages entsteht der Anspruch des Gläubigers, dass die Erfüllung der Leistungen genau so geschieht, wie es im Vertrage ausgemacht ist. Aufgabe des Rechts ist, möglichst den Zustand vollstän-

---

1) Naturrecht, 4. Ausg. 1852. I. S. 544. Aehnlich Röder, 2. Aufl. 1863, S. 440. Schilling 1859 I S. 212. Anders, aber unhaltbar Schmalz I, §. 117, Warnkönig S. 383.

digen Erfülltseins des Vertrages herzustellen, auch wenn der Schuldner etwas an der gehörigen Leistung fehlen lässt. Zur Lösung dieser Aufgabe haben die Rechte verschiedene Wege eingeschlagen. Insbesondere ist das römische Recht durch seine eigenthümliche Prozessform zu eigenartigen Consequenzen gelangt. Durch die Scheidung in das Verfahren in jure und in judicio, durch die Bindung des ernannten Iudex an die Formula, durch die Fassung dieser Formula, welche regelmässig auf eine Geldcondemnation auslief, war schliesslich eine eigentliche Verurtheilung zur Erfüllung in natura oder zu einer solchen mit nebenhergehenden Schadensersatz ausgeschlossen.

Trotzdem ging der Prozess nicht ausschliesslich, ja nicht einmal hauptsächlich auf Verwandlung aller Klageansprüche in Geld, nur endigen sollte er nöthigenfalls in der Geldcondemnation.

Bei gewissen Klagen, insbesondere den arbitrariae, musste der endlichen Geldcondemnation ein jussus oder arbitrium de restituendo vorausgehen, aber in allen Fällen konnte sich der Beklagte die absolutio verschaffen, wenn er im Laufe des Verfahrens den Kläger in einer dem Iudex genügenden Weise befriedigte. (omnia judicia esse absolutoria). Folglich blieb das ganze Verfahren in judicio unter fortwährendem Einfluss des Iudex. Wie hoch oder in welchem Verhältniss zur Leistung der Iudex verurtheilen wollte, stand in seinem Ermessen. Der Schuldner musste gewärtig sein, dass, je weniger er seinen Verpflichtungen nachkam oder je mehr er sich widersetzlich zeigte, um so höher der Richter die Geldcondemnation einrichten werde.

Diese Freiheit des Richters in der Höhe der Geldcondemnation übte einen Druck auf den Schuldner aus, unter dem stehend er sich bemühte, die schuldige Leistung möglichst dem Contrakte entsprechend zu erfüllen.

Die freie Stellung des Iudex machte es ihm zugleich möglich, zu prüfen, ob dem Kläger die Annahme der ursprünglich geschuldeten Leistung überhaupt noch angesonnen werden könne. Verneinte der Iudex diese Frage ganz oder theilweise, so trat hier die Geldcondemnation an die erste Stelle. Die Römer sind Jahrhunderte lang mit dieser Gestaltung des Verfahrens zufrieden gewesen. Sie prüften im einzelnen Falle frei, was der Kläger ex fide bona einerseits fordern dürfe, andererseits sich gefallen lassen müsse. Ganz anders wurde die Sachlage, als das gemeine Recht dem Gläubiger eine Klage auf Erfüllung in natura gewährte, ja den Gläubiger nöthigte, in dieser Art seine Klage zu formen. Nunmehr schloss der Prozess mit einem Urtheil auf Naturalerfüllung und alles Weitere fiel in die sogenannte Exekutionsinstanz. Diese Neuerung kann im allgemeinen kaum als Verbesserung bezeichnet werden. Oft fing der Streit nach dem Urtheil erst recht eigentlich an, die erzwungene Ausführung mit oder ohne Widerstreben des Schuldners bereitete Schwierigkeiten aller Art. Der Wunsch jedes Gläubigers, der einem säumigen Schuldner gegenüber stand, musste immer mehr dahin gehen, möglichst von der ursprünglichen Obligation los zu kommen, und alles auf Geld gestellt zu sehen. Deshalb werden seitdem die Erörterungen viel häufiger, ob der Gläubiger in gewissen Fällen „zurücktreten" könne, während im klassischen römischen Recht von dieser Frage selten die Rede ist.

§. 2.

Indem wir dazu übergehen zu prüfen, wieviel sich von Rücktritt im römischen Recht findet, stellen wir zunächst fest, was unter Rücktritt gemeint ist.

Die römische Rechtsprache kennt das Wort nicht; recedere a contractu, discedere a negotio, abire a venditione u. ä. hat in den Pandekten wohl immer die Bedeutung *mutuo dissensu* einen Vertrag aufheben[1]), während im Codex allerdings sich eine Stelle[2]) findet, wo recedere

---

1) Dirksen, Manuale s. V. recedere, discedere.
2) l. 3 C. 4,44. v. J. 293.

invito alterutro gebraucht wird, aber nur, um es für unzulässig und mit der bona fides unverträglich zu bezeichnen.

Bei uns kommt „zurücktreten vom Vertrage" in zwei Bedeutungen in Betracht. Es kann heissen:

1) die Naturalerfüllung oder deren Annahme für die Zukunft ablehnen und statt dessen Schadensersatz fordern, etwa unter Rückgabe oder mit Behalten des bereits Empfangenen, oder
2) vom Vertrage so abgehen, als wenn derselbe nie geschlossen wäre.

Im ersten Falle tritt man vom Vertrage eigentlich nicht zurück; denn Schadensersatz für Nichterfüllung kann man nur aus einem Vertrage fordern. Nur der zweite Fall ist ein eigentlicher Rücktritt, d. h. ein einseitiges sich Lossagen, sich Freimachen. Man sieht den genügenden Schadensersatz, den man nicht fordern kann, weil kein Vertrag mehr vorliegt, in der eigenen Befreiung von den übernommenen Verpflichtungen.

In beiden Bedeutungen soll das Wort Rücktritt in der folgenden Abhandlung gebraucht werden.

Ein Fall der zweiten Art findet sich im römischen Recht nur bei der Miethe.

Herrschende Lehre ist, dass der Vermiether das Recht hat, vom Vertrage zurückzutreten, wenn der Miether zwei Jahre die Miethe nicht gezahlt hat, und dass der Miether zurücktreten kann, wenn der Vermiether mit der Einräumung der Miethssache im Verzuge ist.

Allerdings giebt es darüber einzelne mehr oder minder abweichende Meinungen; es handelt sich um die Auslegung mehrerer Quellenstellen, die sich theilweis zu widersprechen scheinen [1]), vielleicht auch um den Wunsch, manches aus den Quellen herauszulesen, was nicht darin steht. Wir gehen jedoch auf die nähere Erörterung der bestehenden Fragen nicht ein und constatiren nur, wie oben geschehen, die herrschende Meinung.

---

1) lex 54 §. 1, lex 56 Dig. XIX 2, Nov. 120 cap. 8, cap. 3 X. de loc. 3, 18 und lex 60 pr. und lex 54 §. 4 Dig. XIX 2.

Ein zweiter Fall des Rücktritts sollte sich auf die Innominatkontrakte beziehen. Die herrschende Lehre im gemeinen Recht ging Jahrhunderte lang dahin, dass es bei Innominatkontrakten ein sogenanntes jus poenitendi gebe, bestehend in der Befugniss des einen Kontrahenten die von ihm gemachte Leistung zurückzufordern, selbst wenn die Gegenseite zur Erfüllung bereit war, folglich erst recht, wenn die Gegenseite säumte, und in dieser letzteren Beschränkung würden wir des Falles hier gedenken müssen.

Allein diese einstmals gradezu einstimmig angenommene Meinung ist zuerst, wie festgehalten zu werden verdient, von Anton Faber in seinen rationalia ad pandectas (1604) angefochten worden und darf gegenwärtig fast als aufgegeben, wenigstens als stark erschüttert gelten. Wir brauchen in dieser Beziehung nur auf die Ausführung von Gradenwitz in seinen „Interpolationen", 1887 §. 18, S. 146 ff hinzuweisen. (Vergleiche auch Windscheid II §. 321 Note 12). Näher einzugehen auf die Frage ist nicht geboten. Seit im gemeinen Recht nuda pacta klagbar wurden, mussten auch die römischen Innominatkontrakte sofort mit dem Abschluss beiderseitig klagbar werden und sind seitdem wie alle anderen Verträge zu behandeln. Die besondere Zulässigkeit eines Rücktrittsrechts, wenn sie bestand, konnte ihren Grund lediglich darin haben, dass hier die Leistung von der einen Seite, die den Vertrag klagbar machte, weniger wirksam war, als eine Stipulation, und musste fortfallen, seit die blosse Uebereinkunft die Kraft einer Stipulation hatte.

§. 3.

Auser den beiden angeführten Fällen: der Miethe und den Innominatkontrakten — giebt es im römisch gemeinen Recht kein einseitiges Rücktrittsrecht wegen Verzuges der Gegenseite.

Allerdings muss man behaupten, und so haben auch die höchsten Gerichtshöfe in zahllosen Entscheidungen angenommen, dass der nicht säumige Kontrahent zurücktreten kann, wenn die Erfüllung der Leistung ihm nichts mehr nützt, für ihn keinen Werth mehr hat. Aber dann ist nicht Rücktritt im engeren Sinne vorhanden, sondern es liegt nur die Befugniss vor, die Naturalerfüllung der Leistung ablehnen zu können, verbunden mit dem Recht des nicht säumigen Kontrahenten, auf Schadensersatz zu klagen. Es hat aber von jeher nicht an Stimmen gefehlt, welche schon im römischen Rechte ein allgemeines Rücktrittsrecht im echten Sinne anerkennen wollten [1]; es mag dabei das oben besprochene Bedürfniss von starkem Einfluss gewesen sein, doch stellen sich die Schriftsteller (Glück, Pand. Bd. XVI (1814), Thibaut, Archiv f. civil. Prax. V (1822) S. 332) welche diese Ansicht vertreten, zunächst völlig auf dem Boden des geschriebenen Rechts [2]. Die Stellen des Corpus juris civilis, welche dabei angeführt werden, sollen hier einer kurzen, im wesentlichen nur referirenden Besprechung unterworfen werden. Es sind hauptsächlich lex 56 Dig. XVIII 1, lex 6 Cod. IV 54, lex 6 Dig. XVIII 3, lex 135 §. 2 Dig. XLV. 1.

In lex 56 Dig. XVIII 1 hat Jemand eine Sklavin unter der Verabredung verkauft, dass sie nicht öffentlich preisgegeben werden dürfe und dass es ihm im Falle des Zuwiderhandelns gestattet sei, dieselbe wieder an sich zu nehmen. Der Jurist entscheidet, dass wenn die Sklavin trotzdem preisgegeben ist, der Verkäufer das Recht habe sie wieder zu sich zu nehmen, selbst wenn sie schon durch die Hände mehrerer Käufer gegangen ist.

In lex 6 Cod. IV 54 hat der Verkäufer sein Grundstück für einen geringen Preis verkauft, weil ihm der Käufer irgend Etwas versprochen hat, und es ist ausgemacht, dass, wenn der Käufer sein Versprechen nicht halte, das Eigenthum des Grundstücks an den Verkäufer

---

1) Vergl. die Nachweisungen bei Windscheid, Pand. II, §. 280, Anm. 1.
2) Ueber das Ganze vgl. auch Thöl Handelsrecht I (1879) §. 282 (S. 953 f.), dazu Regelsberger im Archiv f. civil. Prax. Bd. 50 (1867) S. 27.

zurückfallen solle (quando non impleta promissi fide dominii tui ius in suam causam reverti conveniat). Beide Stellen handeln von Verkäufen, die unter einer Bedingung abgeschlossen sind. In beiden Fällen tritt die Bedingung nicht ein, und infolge dessen ist der Vertrag als nicht geschlossen anzusehen. Von den Wirkungen des Verzugs als solchen ist hier nicht die Rede, sondern von den Folgen einer besonderen Abrede. Diese Stellen sind für unsere Streitfrage ohne jede Beweiskraft. Von einem ausbedungenen Rücktrittsrecht (lex commissoria) handeln wir nicht, sondern wir suchen nach einem einseitigen, durch das Gesetz selbst gegebenen Rücktrittsrecht. Dass die lex commissoria sich niemals von selbst versteht, darf als ausgemacht gelten, und nur hinsichtlich der gerichtlichen Zwangsverkäufe ist von mehreren Seiten jedoch ohne gesetzliche Grundlage eine Ausnahme behauptet worden [1]).

Bei der Betrachtung der dritten oben genannten Stelle, der lex 6 Dig. XVIII 3 müssen wir lex 5 eod. mit berücksichtigen. Hier ist von dem Verkauf eines Landguts die Rede, und zwar ist die Bedingung hinzugefügt, dass das Gut als nicht verkauft gelten solle, wenn der Kaufpreis nicht innerhalb einer bestimmten Frist vollständig bezahlt ist. An diesen in lex 5 erörterten Verkauf anknüpfend, sagt nun lex 6, dass, wenn die Nebenverabredung betreffend die Zahlung innerhalb der genau festgesetzten Frist nicht erfüllt sei, das Grundstück als nicht verkauft gelten solle. Glück folgert aus dieser Stelle:

„Das Grundstück ist verkauft, der Käufer ist mit der Zahlung des Kaufpreises im Verzuge, folglich kann der Verkäufer vom Vertrage zurücktreten". Dies ist vollständig richtig, aber auch hier ist der Grund die vorhandene Nebenverabredung, auf ein Rücktrittsrecht im Allgemeinen ist daraus nicht zu schliessen.

Lex 135 §. 2 Dig. XLV 1.

Es hat Titius mit der Seja einen Vertrag dahingehend geschlossen, dass er bis zu einem bestimmten Termin eine

---
1) Glück a. a. O., Bd. 16, S. 305—308.

Summe Geldes zahlen will, sie ihm dafür Gärten abtreten soll. Titius zahlt am bestimmten Termine nicht vollständig, bietet aber bald darauf die ganze Zahlung an und ist immerfort bereit zu zahlen; Seja aber nimmt das Geld nicht an. Es ist nun die Frage, ob Titius auf Herausgabe der Gärten klagen kann?

Scaevola respondirt, dass er es kann. Damit ist mit klaren Worten gesagt, dass trotz des Verzuges eines Kontrahenten der Vertrag bestehen bleibt. Thibaut sucht aus dieser Stelle das Gegentheil zu beweisen, indem er so folgert: „Scaevola sagt allerdings, dass der Vertrag in diesem Falle bestehen bleibt; dieses Bestehenbleiben ist aber Folge der durch das baldnachherige Anbieten des Geldes seitens des Titius herbeigeführten purgatio morae. Hätte Titius das Geld nicht gleich nachher angeboten und wäre er nicht fortwährend zur Erfüllung bereit gewesen, so hätte er nicht klagen können, die Seja hätte das Recht gehabt, vom Vertrage zurückzutreten". Diese Folgerung scheint mir gesucht. Aber nehme man auch den Sinn der Stelle so an, so würde, wenn Titius nicht mehr klagen kann, doch immer noch kein Rücktrittsrecht der Seja darin liegen. Denn man kann auch diesen Vertrag als unter einer Resolutivbedingung geschlossen auffassen. Titius hat den Vertrag so abgeschlossen: Wenn ich dir am 1. April eine bestimmte Summe Geldes gezahlt habe, hast du mir die Gärten zu überliefern. Das Bezahlen des Geldes würde hier die Bedingung für das Zustandekommen des Vertrages sein. Dabei ist nicht zu übersehen, dass es sich hier nicht um einen gewöhnlichen (formlosen) Kaufvertrag, sondern um eine in Stipulation gebrachte Fassung handelt. Wenn Titius nicht zahlt, die Bedingung nicht erfüllt wird, ist der Vertrag als nicht perfekt anzusehen. Von einem Vertrage, welcher nicht perfekt geworden ist, ist auch kein Rücktritt möglich.

§. 4.

Giebt es hiernach kein Rücktrittsrecht des Gläubigers, so könnte trotzdem vielleicht der Schuldner ein solches bei Säumniss des Gläubigers haben. Dies ist von vielen (Zimmern, Archiv f. civil. Prax. Band III, S. 121 und die dort genannten) behauptet worden mit Bezugnahme auf eine grosse Zahl von Quellenstellen [1]), die wir ebenfalls kurz überblicken wollen.

Lex 72 pr. Dig. XLVI 3 und lex 105 Dig. XLV 1 gehören zusammen. In der ersten hat Jemand die schuldige Summe seinem Gläubiger angeboten und nach dessen Weigerung, sie anzunehmen, sie verloren. In der zweiten schuldet Jemand den Sklaven Damas oder Eros. Nachdem er den Damas vergeblich angeboten, stirbt derselbe. In beiden Fällen soll der Schuldner von seiner Verpflichtung befreit sein. Aber diese Befreiung des Schuldners ist hier die Folge des zufälligen Untergangs der Sache, auf welche sich die Leistung bereits spezialisirt hatte; man kann nicht sagen, der Schuldner tritt vom Vertrage zurück, sondern er ist von seiner Leistung befreit, es besteht jetzt kein Vertrag mehr, von dem der Schuldner zurücktreten könnte.

Anders liegt der Fall in lex 39 Dig. L 17: In omnibus causis pro facto accipitur id, in quo per alium morae sit, quominus fiat. Hiermit soll gesagt sein, dass Jemand von seiner Verpflichtung auf ein facere befreit wird, wenn der Andere durch Verzug bewirkt, dass das facere nicht geschieht. Die Worte per alium morae sit quominus deuten auf eine dem Dolus des Anderen gleichzuachtende Verschuldung, die dem Schuldner, der seinen Verpflichtungen nachgekommen ist, keinen Vermögensnachtheil bringen darf, wie es geschehen würde, wenn er die verhinderte Handlung noch einmal anbieten müsste. Man kann hierbei nicht von einem einseitigen Rücktritt reden, der Schuldner erklärt nicht, zurücktreten zu wollen, sondern seine Leistung gilt als erfüllt, grade so, als ob sie

---
[1]) Lex 72 pr. Dig. XLVI 3; lex 105 Dig. XLV 1; lex 39 Dig. L 17. Nov. 91, cap. II; ferner lex 1, §. 3 Dig. XXII 1; lex 7 eod.; lex 18 §. 1 eod.; lex 41 §. 1 eod.; lex 28 §. 1 Dig. XXVI 7; lex. 2 cod. IV 32; lex. 6 cod.

durch den Dolus des Anderen unmöglich geworden wäre.

Uebrigens ist die Beziehung und der Sinn der Stelle von jeher dunkel gewesen. Nach der Inscription gehört sie in einen Abschnitt de possessione et usucapione und Lenel (Palingenesia II p. 142) vermuthet, dass es sich dabei um usucapio von städtischen Servituten oder um usucapio libertatis gegenüber Servituten handele, was wir dahingestellt sein lassen.

In Novelle 91 cap. II bestellt eine Frau oder ein Dritter eine Dos; der Mann aber ist in mora accipiendi. Wenn die Frau die Dos gerichtlich deponirt hat, soll der Mann nach Auflösung der Ehe seinerseits die Auszahlung der von ihm versprochenen antidos nicht verweigern können unter dem Vorwand, dass keine Dos gegeben sei. Die Deposition bewirkt hier, dass der Mann ebenso verpflichtet wird, als wenn er die Dos empfangen hätte, die Frau aber wird durch die Deposition von ihrer Verpflichtung frei.

Auch hier hat somit die Frau nicht einfach ein Rücktrittsrecht, wenn der Mann in mora accipiendi ist. Wovon soll sie zurücktreten? von der Ehe? oder von der Dosbestellung? oder von dem Quasikontrakt, der in Dos- und Antidosbestellung liegt? Nichts davon passt hier. Ein Schuldner, der seinerseits vollständig erfüllt, tritt gewiss nicht zurück, ein Schuldner, der gesetzlich so behandelt wird, als habe er vollständig erfüllt, ebenso wenig. Mehr als anbieten braucht der Schuldner nicht zu thun, es ist zwar statthaft, aber nicht nothwendig, dass er deponirt, es gilt im allgemeinen der Satz: wer nicht will, hat schon.

Alle diese, insbesondere von Zimmern verwertheten Stellen rechtfertigen also keineswegs die Annahme eines allgemeinen Rücktrittsrechts des Schuldners aus Anlass einer mora accipiendi des Gläubigers. Es liegt hier theils ein anderes Moment vor, wie der Umstand, dass die Leistung als erfüllt gilt, theils werden dem Schuldner noch andere Verpflichtungen auferlegt.

Eine einzige Ausnahme oder Einschränkung müssen wir jedoch anerkennen. Sie ist in lex 1 §. 3 Dig. XVIII 6. ausgesprochen, wo von einem Weinverkäufer ausdrücklich gesagt wird, dass er den Wein, wenn der Gläubiger mit der Abnahme im Verzuge ist, ausgiessen kann. Ueber diese Stelle ist viel gestritten worden. Einzelne wollten sie in einer Art Verzweiflung nicht als echt anerkennen; Andere haben darin sogar einen Scherz Ulpians sehen wollen. Wir erklären uns die Sache so:

Zuerst liegt in dem licet effundere nichts als eine strenge Anwendung des schon oben erwähnten Satzes, wer nicht will, hat schon. Aber die bona fides des Verkehrs gestattet im allgemeinen solche Härte nicht, und Ulpian empfiehlt dringend, es lieber nicht zu thun. Wenn er dennoch Fälle voraussetzt, wo es geschehen dürfe, so werden wir diese nach Analogie des Nothstandes zu erklären haben und voraussetzen müssen, dass der Schuldner hier, weil er Raum für neuen Wein gebraucht, sich in einer Nothlage befindet, die ihn berechtigt oder entschuldigt, wenn er alle Rücksicht schwinden lässt. Könnte er dies nicht, so könnte er vielleicht die neue Ernte nicht unterbringen, er müsste die Trauben am Weinstock verfaulen lassen. Es würde ihm ein Schaden erwachsen, dessen künftiger Ersatz durch den Käufer dahinsteht. Immerhin werden wir dieses Recht des römischen Weinverkäufers nicht als allgemeine Regel anzuerkennen, sondern als eine Singularität zu behandeln haben, da bei uns rücksichtsvollere und doch einfachere Mittel zu gleichem Ziele führen. Dieser Ansicht ist im Wesentlichen schon Madai.

§. 5.

Gegenüber allen diesen zweifelhaften Beweisstellen der Gegner sind wir in der Lage, für unsere Ansicht, dass es kein allgemeines Rücktrittsrecht des nicht säumigen Kontrahenten giebt, weit bessere Belege aus den Quellen erbringen zu können. Es sind hauptsächlich nachfolgende Stellen:

lex 1 §. 3 Dig. XXII 1, lex 7 eod., lex 18 §. 1 eod., lex 45 §. 1 eod., lex 28 §. 1 Dig. XXVI 7, lex 2 Cod. IV 32, lex 6 eod., lex 9 eod., lex 9 Cod. VIII 43, lex 10 Cod. IV 24.

Alle diese Stellen sprechen den Grundsatz aus, dass der Schuldner, wenn er Geldzahlungen zu leisten hat, die der Gläubiger nicht annimmt, von der Verpflichtung Zinsen zu zahlen befreit wird, wenn er das Geld deponirt. Daraus folgt, dass der Schuldner bei Säumniss des Gläubigers nicht einfach berechtigt ist, zurückzutreten, sich von seiner Verbindlichkeit loszusagen. Zimmern sucht freilich dem zu entgehen, indem er sagt, dass Geldschulden eine Ausnahme von der Regel machten und für sie Versiegelung und Deposition nöthig sei. Aber diese Stellen sagen nicht, dass Deposition bei Geldschulden nothwendig sei, sondern nur, dass der Zinslauf mit der Deposition aufhöre. Von aufhören des Zinslaufs kann freilich nur bei Geldschulden die Rede sein. Warum aber sollte der Schuldner nicht auch verpflichtet sein, andere fruchttragende Sachen und überhaupt ganz allgemein andere Sachen zu deponiren? Der Zweck der Depositionspflicht ist ohne Zweifel der, dass der Gläubiger, der oft nicht dolo im Verzuge sein wird, gesichert sein soll gegen den Nachtheil, dass die Sache, die er durch irgend welche Umstände nicht hat annehmen können, zu Grunde geht oder dem Schuldner, wenn er sie für sich behält, einen Vermögensvortheil bringt, auf den er kein Recht hat. Gesetzt, der Schuldner dürfte nach der Oblation die Sache fortwerfen, so könnte er sie unmittelbar hinterher für sich als eine res derelicta okkupiren und trotzdem die Gegenleistung einfordern, was die bona fides nimmermehr erlauben kann. Unterliesse er aber die Dereliktion in der Absicht die Sache dem Gläubiger später noch einmal anzubieten, so würde man den Schuldner möglicherweise als negotiorum gestor ansehen müssen, der für omnis culpa aftet, während nach den Stellen er nur dolus und culpa lata zu praestiren hat, kurz man würde zu einer schiefen und unbilligen Gestaltung der Rechtsbeziehungen gelangen.

Den besten Beweis für unsere Ansicht liefert aber die schon oben besprochene Nov. 91, denn hier ist nicht bloss von Geld gesprochen, sondern allgemein von einer dos mobilis.

Fassen wir unsere bisherige Untersuchung zusammen, so ergiebt sich: Gesetzlich anerkannt ist im römisch-gemeinen Recht ein Rücktrittsrecht des nicht säumigen Kontrahenten bei Säumniss des anderen einzig und allein bei der Miethe. Wenn das Gesetz ein Rücktrittsrecht nur in ganz besonderen Fällen und unter einer Reihe besonderer Voraussetzungen zulässt, so ist schon daraus der Schluss geboten, dass es ein allgemeines Rücktrittsrecht des nicht säumigen Kontrahenten bei Säumniss des anderen nicht giebt, ein Schluss, der durch andere Quellenstellen direkt bestätigt wird.

Auch die Praxis der obersten Gerichtshöfe hat sich vielfach in diesem Sinne ausgesprochen. Erkenntniss des O. A. G. zu Darmstadt vom 4. September 1855:

„Wenn man aber auch annehmen wollte, der Käufer wäre mit der Zahlung im Verzuge gewesen, so berechtigt dieser doch die Verkäuferin nicht, vom Vertrage selbst abzugehen."

Erkenntniss des O. A. G. zu Wiesbaden vom 8. Januar 1851: „Wenn auch die Weigerung des einen Paciscenten, seinerseits den Vertrag zu erfüllen, den anderen in der Regel vom Vertrage zurückzutreten nicht berechtigt, so . . . . . ."

Erkenntniss des obersten Gerichtshofes für Bayern vom 30. April 1875: „Bei wechselseitigen Verträgen berechtigt die Weigerung des einen Theils, seine Verbindlichkeit zu erfüllen, bezw. der Verzug desselben in der Erfüllung, den andern Theil nicht, vom Vertrage abzugehen . . . ." Aehnlich Erkenntniss des O. A. G. zu Lübeck vom 21. September 1840 u. a.

§. 6.

Soweit das positive gemeine Recht. Aber wir haben bereits hervorgehoben, dass das Bedürfniss vielfach weiter gedrängt hat, und es soll nunmehr unsere Aufgabe sein, diesem Fortbildungsprozess in anderen Gesetzgebungen nachzugehen.

Im Ganzen demselben Prinzip, wie das römische und gemeine Recht, folgt das preussische Landrecht. Auch dieses stellt an die Spitze den Satz: In der Regel müssen die Verträge nach ihrem ganzen Inhalte erfüllt werden, I. 5, §. 270. Wer eine Handlung zu leisten schuldig ist, kann dazu durch gerichtliche Zwangsmittel angehalten werden. §. 276 ebend. Die von der einen Seite . . . nicht gehörig geleistete Erfüllung . . . berechtigt den Andern in der Regel noch nicht, vom Vertrage wieder abzugehen. Vielmehr steht ihm nur frei, den Gegentheil zu der versprochenen Erfüllung und zu der . . . Entschädigung durch den Richter anzuhalten. (§. 393 u. 394.)

Aber trotzdem kennt das Allg. L. R. weit mehr Fälle von Rücktritt wegen Verzuges der Gegenseite, als das römische Recht.

Das Gesetz unterscheidet zwischen Verträgen über Sachen (oder Rechte) und solchen über Handlungen.

Ueber Verträge, deren Hauptgegenstand Sachen (oder Rechte) sind, stellt das Gesetz in Th. I Tit. 5 §. 393—407 die bereits berührten Sätze auf:

§. 393. Die von der einen Seite geweigerte oder nicht gehörig geleistete Erfüllung des Vertrages berechtigt den Anderen in der Regel noch nicht, vom Vertrage selbst wieder abzugehen.

§. 394. Vielmehr steht ihm nur frei, den Gegentheil zu der versprochenen Erfüllung und der nach den Gesetzen ihm zukommenden Entschädigung durch den Richter anzuhalten.

Die Entstehungsgeschichte dieser §§. ist von grossem Interesse. Den Verfassern des Landrechts lag im römischen

Recht und in der Praxis des gemeinen Rechts ein festes Recht über den Rücktritt nicht vor, fast alles war bestritten. Der ungedruckte Entwurf des Landrechts wollte anfänglich ein weitgehendes allgemeines Rücktrittsrecht gestatten. Die bezüglichen §§. lauteten in ursprünglicher Fassung folgendermassen:

§ 268. Wenn der eine Theil vom Vertrage abgeht, so hat der andere die Wahl, ob er ein gleiches thun, oder auf Erfüllung des Vertrages dringen wolle.

§. 274. Was in Ansehung des nicht gehörig erfüllten Vertrages bestimmt worden, das muss auch auf den Fall angewendet werden, wenn Einer der Kontrahenten in Ansehung der Zeit, des Orts oder einer anderen Nebenbedingung die Erfüllung des Vertrages verweigert.

§. 275. Wer sich des in §. 268 bestimmten Rechts, vom Vertrage abzugehen, bedienen will, muss solches deutlich, bestimmt und ohne Unterschied des Gegenstandes auch schriftlich erklären.

§. 276. Hat einer der Kontrahenten sich schon einmal nach Vorschrift der §§. 268 und 275 ausdrücklich erklärt, vom Vertrage abgehen zu wollen, so kann er wider den Willen des anderen Theils eine solche Erklärung nicht wieder zurücknehmen.

Hiergegen erhoben sich jedoch bald Monita. Suarez vertheidigt in der „revisio monitorum" diese, wie er selbst sagt, vom römischen und vom gemeinen Recht ganz abweichende, neue Lehre, indem er anführt, dass die meisten Prozesse daraus entstanden, dass über das von einer Seite geweigerte oder nicht gehörig geleistete implementum gestritten werde, und wenn alsdann salvo contractu das Interesse, das aus dem nicht rite erfolgten implementum entsteht, ausgemittelt werden müsse, so gebe dieses gewiss zu viel weitläufigeren und verwickelteren Prozessen Anlass, als wenn nach der neuen Theorie der Kontrakt aufgehoben werde und jeder Kontrahent in seinen vorigen Stand zurücktrete.

Trotz dieser Ausführungen von Suarez ging man infolge der eingegangenen Monita von diesem weit ausgedehnten Rücktrittsrecht etwas zurück, indem man den Rücktritt nur demjenigen Kontrahenten gestatten wollte, dessen Gegner weitaussehende Einwendungen machte. Den §§. wurde nun folgender Wortlaut gegeben:

§. 269. Wenn der eine Theil die Erfüllung seiner im Kontrakte klar gegründeten Verbindlichkeiten unter zweifelhaften und einer weitläufigen Erörterung bedürfenden Ausflüchten verweigert, so hat der andere die Wahl, ob er auf die Erfüllung des Vertrages dringen, oder davon abgehen wolle.

§. 270. Diese Vorschrift findet Anwendung, wenn auch nur in Ansehung der Zeit, des Orts oder einer anderen Nebenbedingung die Erfüllung des Vertrages verweigert worden.

§. 271. Dagegen kann Demjenigen, welcher seinerseits den Kontrakt völlig erfüllt hat, der Andere die verlangte Erfüllung unter keinerlei Vorwand versagen.

§. 272. Wer sich des Rechts, vom Vertrage abzugehen, bedienen will, muss solches deutlich, bestimmt, und, wenn der Gegenstand den Werth von 50 Thl. übersteigt, gerichtlich erklären.

§. 273. Innerhalb einer darauf nach den Umständen vom Richter zu bestimmenden Frist, steht es dem anderen Theile noch frei, durch Leistung der verlangten Erfüllung, den Vertrag aufrecht zu erhalten.

§. 274. Derjenige hingegen, welcher sich einmal gerichtlich erklärt hat, von dem Vertrage abgehen zu wollen, kann diese Erklärung wider den Willen des Anderen nicht zurücknehmen.

Gegen §. 270 dieses Entwurfs wendet sich nun aber auffallenderweise Suarez selbst, indem er meint, dass es zu weit gehe, wenn der eine Kontrahent bei der geringsten Versäumniss des anderen in Erfüllung einer Nebenbedingung zurücktreten könne. Aber so sagt der §. nicht; er fordert überall „weitläufige und zweifelhafte

Ausflüchte", nicht einfache Säumniss. Suarez führt als Beispiel an den Verkauf eines Guts, bei dem die Kaufgelder in mehreren Terminen gezahlt werden sollen. Er hält es für ungerechtfertigt, wenn der Verkäufer ein Rücktrittsrecht haben soll, falls z. B. der Käufer bei einer Terminszahlung wegen der Geldsorte Schwierigkeiten mache. Auch dies ist nicht ganz verständlich, solche „Schwierigkeiten" werden selbst damals nicht leicht zu „weitläufigen Ausflüchten" geführt haben, wenigstens betont S. dieses essentielle Erforderniss nicht.

Suarez will hier den Unterschied zwischen Haupt- und Nebenverbindlichkeit eingeführt wissen; allerdings giebt er zu, dass sich die Grenze zwischen beiden nicht immer leicht finden lasse.

Auf seine Veranlassung wurden dann auch die §§. 269 und 270 dahin abgeändert:

Wenn ein Theil die Erfüllung seiner im Vertrage klar gegründeten Hauptverbindlichkeiten unter zweifelhaften, einer weitläufigen Erörterung bedürfenden Ausflüchten verweigert, so hat der Andere die Wahl, ob er auf Erfüllung dringen, oder vom Kontrakt wieder abgehen wolle.

Diese Bestimmung ging mit §. 270—74 in den Entwurf II 2, §. 281—284 über.

Wenn nun auch Suarez diese §§. eifrig vertheidigte, indem er meinte, dass der gesetzlich feststehende Begriff eines jeden Vertrages leicht ergebe, was zu den Hauptverbindlichkeiten eines jeden Theiles gehöre, und dass eventuell das Nähere bei den einzelnen Verträgen festgestellt werden könne, so wurde diesen Ausführungen doch nicht Folge gegeben. Und mit Recht. Wie sollte beurtheilt und bewiesen werden, dass der eine Theil die Erfüllung seiner Hauptverbindlichkeit unter zweifelhaften, einer weitläufigen Erörterung bedürfenden Ausflüchten verweigere? Man drängte daher immer mehr dahin, bei der alten Regel zu bleiben, dass die verweigerte Erfüllung von der einen Seite den anderen Theil nur zur Klage auf Erfüllung berechtige. So wurden diese §§. wieder geändert und ihnen die heutige Form der §. 393 ff. gegeben. Dabei versteht sich von selbst, dass der Grundsatz unanwendbar ist, wenn nach der besonderen Natur des Geschäfts die nicht rechtzeitige Erfüllung mit der Unmöglichkeit der Erfüllung zusammenfällt oder gerade auf die Erfüllung zur bestimmten Zeit das entscheidende Gewicht fällt. Strieth. Arch. 34 S. 57, 36 S. 120, 33 S. 132.

§. 7.

Die in den §§. 393 und 394 aufgestellte Regel vom Erfüllungszwang ist jedoch durch sehr eigenartige Bestimmungen über das Rücktrittsrecht des einen Kontrahenten im Falle der Nichterfüllung seitens des anderen in dem §. 395 ff stark eingeschränkt. Zunächst unterscheidet das Gesetz, ob die Parteien über den Inhalt des Vertrags einig oder uneinig sind, eine Vorfrage, die bei der Prozessmaxime des Landrechts und der Gerichtsordnung in der Regel ohne Schwierigkeit zu beantworten war.

„Sind die Parteien über den eigentlichen Sinn und Umfang der im Kontrakte übernommenen Verbindlichkeiten uneins, so muss der Streit durch den Richter entschieden, und sodann die Erfüllung, dieser Entscheidung gemäss, geleistet und angenommen werden." §. 395. „Ist der Inhalt des Vertrages klar" (d. h. sind sie darüber nicht uneins), der eine Theil aber weigert die Erfüllung seiner Verbindlichkeiten, weil der andere die seinigen nicht gehörig erfüllt habe, oder solchergestalt nicht erfüllen könne, so muss dieser Weigerungsgrund gerichtlich untersucht werden. Wird derselbe rechtskräftig verworfen, so hat derjenige, welcher auf Erfüllung antrug, die Wahl, ob er nun noch auf Erfüllung seitens des Anderen bestehen oder vom Vertrage zurücktreten will.

Nach diesem §. 397 würde es scheinen, als ob die siegende Partei ein wirkliches Rücktrittsrecht im strengen Sinne habe. Der folgende §. 398 verpflichtet jedoch die unterliegende Partei beim Rücktritt des Siegers den durch ihr Säumniss entstandenen Schaden zu ersetzen. Wir sehen also, dass nur eine Ablehnung der Erfüllung und kein wirklicher Rücktritt vorliegt. Anders gestaltet sich die Sache im §. 399. Dieser behandelt den Fall, dass der Weigerungsgrund desjenigen, der nicht erfüllen wollte, weil der andere noch nicht erfüllt habe, durch rechtkräftiges Urtheil für erheblich geachtet wird. In diesem Falle ist es dem Weigernden, der nun zum Sieger wird, gestattet, seinerseits entweder die Erfüllung nur so, wie sie vom Richter bestimmt ist zu leisten, oder vom Vertrage zurückzutreten. Hier liegt ein wirklicher Rücktritt vor, denn §. 401 schliesst ausdrücklich bei Aufhebung des Vertrages jeden Schadenersatzanspruch einer Partei aus.

Für den Fall endlich, dass der Weigerungsgrund der einen Partei nur zum Theil für berechtigt gehalten wird, kehrt §. 402 wieder zu der Hauptregel zurück, dass keine Partei vom Vertrage zurücktreten kann. Der nächste §. 403 beschränkt allerdings diesen §., indem er dem Richter gestattet, wenn er findet, dass bei den über die Erfüllung des Vertrages entstandenen Weiterungen dem einen Theil ein Uebergewicht der Schuld zur Last fällt, dem anderen die Befugniss zum Rücktritt vorzubehalten. Die bedingte Fassung (wenn er findet) macht begreiflich, dass dieser §. 402 in der Praxis fast kaum anwendbar ist, der Richter wird sich in der Regel mit einem Wägen und Messen der Schuld der beiden Parteien nicht befassen, da es schwer ist, genau festzustellen, welche Partei und in wiefern sie eine grössere Schuld hat, als die andere. Jedoch sind besondere, ganz zweifellos liegende Fälle dieser Art gewiss nicht undenkbar. Bis zum §. 403 war die rechtskräftige Entscheidung über den Weigerungsgrund vorausgesetzt. Es folgt nun eine sehr grosse Eigenthümlichkeit des Landrechts, die dem Gesetzbuch von jeher und von allen Seiten zum Vorwurf gemacht worden ist, und über deren Entstehung die vorhandenen Materialien keine irgend befriedigende Auskunft geben. Es soll nämlich der Sieger, wenn er seinen Rücktritt noch früher erklärt, als das Erkenntniss erster Instanz rechtskräftig ist, damit dem Anderen die Berufung an die zweite Instanz abschneiden können. Wenn §. 404 das Wort „sogleich" wählt, so wird man darunter verstehen müssen, dass der Sieger nur bis zu dem Augenblick, wo er von der Berufungseinlegung des Anderen Nachricht hat, zurücktreten kann. Gräwell (Generaltheorie, S. 329) und Bielitz (Comm., Bd. I, S. 742) sind zwar der Ansicht, der Rücktritt könne auch dann noch ausgeübt werden, wenn ein zweites abänderndes Erkenntniss ergangen, aber noch nicht rechtskräftig sei. Allein das verstösst gegen den Grundgedanken der ganzen Anordnung „den Prozess zu coupiren", schon dem ersten Richterspruch einen massgebenden Einfluss einzuräumen, die weiteren Instanzen zu ersparen. So spricht auch die Entscheidung des Kammergerichts vom 27. November 1863.

Lässt der Sieger erster Instanz es zu einer Erörterung in der zweiten Instanz kommen, d. h. erklärt er sich nicht spätestens unmittelbar nach Zufertigung der Appellationsanmeldung, so kann er, da er nunmehr die eine Alternative, nämlich „die Erörterung der zweiten Instanz abzuwarten", hat eintreten lassen, nicht mehr zu der anderen, nämlich der des Rücktritts zurückgehen. Umgekehrt aber ist die einmal gemachte Rücktrittserklärung selbst in dem Falle durchgreifend, wenn der Zurückgetretene der Verpflichtung zur Rückgabe der auf Rechnung des Vertrages erhaltenen Sachen thatsächlich nicht zu genügen vermag. Strieth. XIV, 43 ff, 48, 49 (1854); R. G. II, S. 204. Immer aber muss zur Rechtfertigung des Rücktritts gleich nach erstinstanzlichem Erkenntnisse die Voraussetzung zutreffen, dass der Richter gerade den angeführten Weigerungsgrund für gerechtfertigt erklärt, nicht etwa aus einem anderen Grunde die Weigerung für begründet erachtet hat. Entsch. des Ob. Tr., Band XX, S. 97 vom 12. October 1850.

Mit dem Rücktritt ist übrigens der Rechtsstreit nur in der Hauptsache erledigt, nicht z. B. in Ansehung des

Kostenpunktes, wegen dessen noch das ordentliche Rechtsmittel der Appellation zulässig sein muss. Wie unpraktisch und sogar ungerecht diese §§. werden können, hat man bald anerkannt. Schon aus dem Jahre 1814 liegt ein Bericht des Obertribunals vor, welches folgenden Fall schildert. Es ist Jemand, der auf Erfüllung eines Kontrakts geklagt hatte, in erster Instanz abgewiesen, weil man den Weigerungsgrund des anderen Kontrahenten für erheblich hielt. Der Kläger appellirte, und der Beklagte erklärte, als der Prozess schon in zweiter Instanz war, seinen Rücktritt vom Vertrage. Das Obertribunal fand aber das Erkenntniss erster Instanz unangemessen und verurtheilte den Beklagten zur Erfüllung, weil der Rücktritt sofort nach Eröffnung des ersten Erkenntnisses hätte erklärt werden müssen. Hätte also in diesem Fall der Beklagte als Sieger der ersten Instanz, sofort seinen Rücktritt erklärt, so hätte er, der in Wahrheit grundlos säumige Kontrahent noch den Vortheil gehabt, vom Vertrage sich freigemacht zu haben. Noch viel verwickelter wird die Sache dann, wenn der Beklagte den Rücktritt erklärt, der Kläger aber das Recht des Gegners, zurücktreten zu dürfen, bestreitet. In diesem Fall soll nach dem Justizministerial-Rescript vom 18. October 1836 hierüber ein neuer Rechtsgang eröffnet werden, der Hauptprozess aber wenn der Kläger appellirt hat, ausgesetzt bleiben.

§. 8.

Auch bei den Verträgen über Handlungen hält das Landrecht an sich an dem Prinzip des §. 393 fest. Aber in Wahrheit durchbricht es dieses Prinzip durch die wichtige Neuerung des §. 408 ff. Bei Verträgen, deren Hauptgegenstand Handlungen sind, kann jeder Theil mit der blossen Behauptung, dass der andere die Erfüllung bisher nicht kontraktmässig geleistet habe, oder solchergestalt nicht leisten könne, sofort auf seine Gefahr vom Vertrage wieder abgehen. Er ist jedoch verpflichtet, wenn sein,

Rücktritt unbegründet gewesen ist, dem anderen Kontrahenten Schadenersatz zu leisten; andererseits aber hat er auch, wenn sein Rücktritt berechtigt war, Anspruch auf Schadenersatz. Also einen wahren Rücktritt haben wir darin nicht vor uns, sondern wieder eine Ablehnung der Erfüllung unter Schadenersatzanspruch. Auch versteht es sich von selbst, dass der geschuldete Schadenersatz nicht nothwendig in Geld bestehen muss, sondern in vielen Fällen am besten durch Nachholung der Naturalerfüllung gewährt werden kann und dann nicht ohne Gründe abgelehnt werden darf. Nur wenn die oben formulirte Behauptung begründet befunden wird, kann der Behauptende wirklich definitiv wieder abgehen, d. h. die Annahme der Naturalerfüllung definitiv verweigern, auch wenn der Gegner jetzt zu jeder Verbesserung u. s. w. bereit wäre. Dieser Gedanke wird in vielen Fällen dem Verkehr besser entsprechen, als der gemeinrechtliche Satz, wenigstens wird er dasselbe Resultat, nach dem auch das gemeine Recht strebt, von geringeren Beweisschwierigkeiten abhängig machen.

§. 9.

Wirkliche Rüktrittsrechte im engeren Sinne oder Rücktritt statt Schadenersatz kennt das A. L. R. nur bei einzelnen Verträgen.

Beim Kauf nach §. 231 und 232 Th. I, Tit. XI gelten zwar zunächst die allgemeinen Grundsätze von Verträgen überhaupt, daneben aber finden sich zwei wichtige Besonderheiten. Bei Verkäufen über bewegliche Sachen unter 50 Thaler ist nach §. 229 der Verkäufer ohne Weiteres vom Vertrage wieder abzugehen berechtigt, sobald die zur Abholung der Waaren bestimmte Zeit verflossen ist. Eine zweite Ausnahme findet sich im folgenden §. 230, dessen Inhalt jedoch nicht unbestritten ist.

Der Streit kommt her aus dem ersten Worte dieses §.

„Ebenso kann der Verkäufer, wenn der Käufer die Zahlung des Kaufgeldes, welche er bei der Uebergabe baar zu leisten versprochen hat, nicht leistet, die Uebergabe verweigern und den Kontrakt aufheben." Einige wollen hier das Wort „ebenso" auf den vorhergehenden §. 229 in der Weise beziehen, dass der Rücktritt nur bei Käufen über bewegliche Sachen und solchen unter 50 Thaler stattfinde, aber das Obertribunal hat in wiederholten Entscheidungen (vom 25. Mai 1838, 21. Juni 1852, 26. April 1853) daran festgehalten, dass diese Ausnahme auf alle Kaufverträge ohne Rücksicht auf Beschaffenheit und Werth der Sachen Anwendung findet. Dem ist unbedenklich beizutreten. In der landrechtlichen Sprache bedeutet dieses erste Wort „ebenso" nur eine stilistische Anknüpfung; es bezieht sich nur auf das Verbum des vorhergehenden §. (wieder abgehen), nicht auf alle dortigen Voraussetzungen dieses Abgehens, statt deren hier andere gegeben werden. Auch nimmt bereits der §. 226 den §. 230 in einem ganz allgemeinen Sinne und ohne jede Beschränkung auf kleinere Käufe, wenn er sagt: Sobald der Käufer das Kaufgeld geborgt hat (§. 224 I. 5.) so kann er von der nach §. 230 ihm zustehenden Befugniss, den Kontrakt aufzuheben, nicht mehr Gebrauch machen.

Mit Recht hat daher die Rechtsprechung das Rücktrittsrecht auch bei Kaufgeschäften über unbewegliche Sachen zugelassen. (Erk. vom 15. September 1843, 17. September 1847, 12. October 1847.) Uebrigens ist der Rücktritt des §. 230 bedingt durch die Weigerung der Uebergabe. Ist die Uebergabe einmal erfolgt, so soll es nach dem Erk. vom 5. December 1856 bei der Hauptregel, dass nur auf Schadensersatz geklagt werden kann, bleiben. Anders muss es sich allerdings bei Käufen über Quantitäten fungibler Sachen gestalten, wenn die ganze Quantität in einzelnen Lieferungen gegen jedesmalige Baarzahlung geliefert werden soll. In diesem Falle wird man mit dem Erk. vom 28. Februar 1854 den §. 230 im vollen Umfange anwenden müssen. Ja das Erkenntniss vom 21. December 1849 geht sogar soweit, dass es dem

Verkäufer den Rücktritt vom Vertrage für die noch übrigen Lieferungen gestattet, wenn der Verkäufer die letzte Lieferung gemacht hat, ohne Zahlung zu erhalten, und binnen 8 Tagen auf Zahlung des Preises geklagt hat. Ueber die Form des Rücktritts enthält das Gesetz keine Vorschrift, er kann formlos geschehen, der Käufer kann sogar nach dem Erkenntniss vom 2. Februar 1847 den Verkäufer nicht mehr in Anspruch nehmen, wenn er die Sachen thatsächlich einfach weiter verkauft hat.

Schliesslich kennt das landrechtliche Kaufrecht noch einen dritten Fall von Rücktritt, jedoch nur auf Seiten des Käufers bei Säumniss des Verkäufers.

„Hat der Verkäufer ein bestimmtes Mass oder Gewicht oder eine gewisse Zahl bei der Sache zu gewähren sich ausdrücklich verpflichtet, und es fehlt daran bei der Uebergabe, so ist der Käufer die Sache abzunehmen nicht schuldig." §. 207. Hier ist also der Verkäufer nicht säumig in Bezug auf die ganze Lieferung, wohl aber hinsichtlich eines Theiles. Der Käufer kann zurücktreten, jedoch (§. 210) nicht mehr, wenn er die Sachen, „einmal an und in seine Verwahrung genommen" hat.

Auch bei der Miethe finden wir im Landrecht, ähnlich wie im gemeinen Recht, die Rücktrittsberechtigung des Vermiethers Th. I. Tit. XXI. §. 297, nämlich, wenn der Miether an zwei zur Miethszahlung festgesetzten Terminen (nicht zwei Jahre!) die Miethe nicht gezahlt hat. Im Uebrigen ist das Rücktrittsrecht bei der Miethe den allgemeinen Bestimmungen der §§. 393 ff. Tit. V unterworfen, nur mit dem Unterschied, dass für den Fall, dass der Kontrakt durch die Uebergabe einmal vollzogen ist, der einseitige Rücktritt nur in den Fällen der §§. 393 bis 403 des angeführten Titels zulässig ist; dass aber eine Ablehnung der Erfüllung wie in den Fällen des §§. 401—407 nicht stattfindet.

Eine weitere, freilich nur scheinbare Ausnahme findet sich beim Verlagsvertrag. Der §. 1001 Th. I. Tit. XI berechtigt den Verleger, wenn der Verfasser eines Werks in der Lieferung desselben säumig ist, vom Vertrage zurückzutreten. Auch hier liegt nur eine Ablehnung der Erfüllung vor; denn nach § 1006 behält der Verleger Schadenersatzanspruch. Anders ist es beim Mandat. Das Mandat ist überhaupt zu jeder Zeit widerrufbar; also auch bei Säumniss des einen Kontrahenten. Der §. 393 Tit. V kann beim Mandat keine Anwendung finden.

Ueberblicken wir jetzt die ganze Lehre des Landrechts vom Rücktritt des einen Kontrahenten bei Säumniss des anderen, so müssen wir zwar den Rücktritt während des Prozesses je nach dem Ausfall der ergehenden Instanzsprüche (die §§. 395—407) als ganz verfehlt bezeichnen, dagegen scheint uns, wenn wir diesen einen Punkt gestrichen denken, das Uebrige einen mehrfachen Fortschritt gegenüber dem gemeinen Recht zu bedeuten. Es ist in wichtigen Punkten dem Drängen des Verkehrs auf leichtere Lösung massvoll stattgegeben, ohne mit dem in Deutschland festeingewurzelten Grundsatz von der Naturalerfüllung aller Verträge völlig zu brechen. Nur das Handelsrecht mag hier mehr erfordern und insoweit treten wir Gelpke (Zeitschr. f. Handelsr., Bd. I) bei, wenn er sagt: „Die Beweglichkeit, Schnelligkeit und Veränderlichkeit der Handelsverhältnisse, der in den wichtigsten Handelsconjunktionen oft plötzlich eintretende grosse Umschlag, die Hauptbedingung des Bestehens und der Sicherheit eines soliden Verkehrs, „Treue und guter Glauben", machen in der Handelswelt die prompte Erfüllung aller Verbindlichkeiten unerlässlich nothwendig. Eine rechtzeitige Leistung ist stets als die gleichsam ausdrücklich vorbedungene, allein annehmbare Leistung anzusehen. Eine später angebotene Erfüllung ist meistens gar keine Erfüllung. Die Verletzung dieser Grundlage aller Geschäfte stellt sich als ein Bruch des ganzen eingegangenen Rechtsverhältnisses unter den Kontrahenten von Seiten des einen Theiles dar, der dem anderen das Recht geben muss, den Vertrag durch Rücktritt aufzulösen."

§. 10.

Am meisten nähert sich diesen Gedanken das französische Recht. Der Code hat aus dem Coutume-Recht das Princip der lex commissoria tacita bei allen zweiseitigen Verträgen aufgenommen, einen Satz, der zwar in und ausser Frankreich mehrfachem Tadel begegnet ist[1]), aber im wesentlichen unverändert auch in die Gesetzbücher von Holland (a. 1302), Italien (a. 1165), Spanien (a. 1124) übergegangen ist. Alle gegenseitigen Verträge gelten als resolutiv bedingte in dem Sinne, dass wenn eine Partei ihrer Verbindlichkeit nicht Genüge leistet, der andere Theil die Auflösung des Vertrages, sowie im Falle des Verzuges Schadenersatz zu fordern berechtigt sein soll. Cod. civ. Art. 1184:

La condition résolutoire est toujours sousentendue dans les contrats synallagmatiques pour le cas où l' une des deux parties ne satisfera point à son engagement. Dans ce cas le contrat n' est point résolu de plein droit. La partie, envers laquelle l' engagement n' a point été exécuté, a le choix ou de forcer l' autre à l' exécution de la convention, lorsqu' elle est possible, ou d' en demander la résolution avec dommages et intérêts. La résolution doit être demandée en justice et il peut être accordé au défendeur un délai selon les circonstances.

Das Gesetz unterstellt jedem zweiseitigen Vertrag im Zweifel die auflösende Bedingung, falls nicht rechtzeitig erfüllt wird.

Es soll aber dieses Ereigniss nur zu Gunsten des Empfangsberechtigten wirken und ihm nur die Möglichkeit eröffnen, vom Vertrage zurückzutreten.

Ausserdem kann der Berechtigte nicht sofort vom Vertrage abgehen, sondern erst durch Vermittelung des Richters, was wieder zu Weitläufigkeiten Veranlassung giebt. Schliesslich soll der Zurücktretende Schadenersatzanspruch gegen den Anderen behalten; es liegt also

---

1) Vgl. Regelsberger a. a. O. S. 31.

nicht reiner Rücktritt, sondern nur Ablehnung der Erfüllung vor.
In Art. 1610, 1654, 1741 wiederholt das Gesetz diese Bestimmung für Kauf und Miethe.

Im wesentlichen übereinstimmend mit dem französischen ist das niederländische, italienische und spanische Recht.

Burgerlijk Wetboek v. 1838. Art. 1302.

De ontbindende voorwaarde wordt altijd voorondersteld in wederkeerige overeenkomsten plaats te grijpen, in geval eene der partijen aan hare verpligting niet voldoet.

In dat geval, is de overeenkomst niet van regtswege ontbonden, maar moet de ontbinding in regten gevraagd worden.

Deze aanvraag moet ook plaats hebben, zelfs indien de ontbindende voorwaarde wegens het niet nakomen der verpligting in de overeenkomst mogt zijn uitgedrukt.

Indien de ontbindende voorwaarde niet in de overeenkomst is uitgedrukt, staat het den regter vrij om, naar gelang de omstandigheden, aan den verweerder, op deszelfs verzoek, eenen termijn te gunnen am alsnog aan zijne verpligting te voldoen, welke termijn echter den tijd van ééne maand niet mag te boven gaan.

Codice civile ital. v. 1865 a. 1165. La condizione risolutiva é sempre sottintesa nei contratti bilaterali, pel caso in cui una delle parti non soddisfaccia alla sua obligazione. In questo caso il contratto non é sciolto di diritto. La parte verso cui non fu eseguita l' obligazione, ha la scelta o di costringere l' altra all' adempimento del contratto, quando sia possibile, o di domandarne lo scioglimento oltre il risarcimento dei damni in ambidue i casi. La risoluzione del contratto deve domandarsi giudizialmente; e puo essere concessa al convenuto una dilazione secondo le circostanze.

código civil Español v. J. 1889 art. 1124.

La facultad de resolver las obligaciones se entiende implicita en las reciprocas, para el caso de que uno de los obligados no cumpliere lo que le incumbe. El perjudicado podrá escoger entre exigir el cumplimiento ó la resolución de la obligación, con el resarcimiento de daños y abono de intereses en ambos casos. También podrà pedir la resolución, aun después de haber optado por el cumplimiento, cuando éste resultare imposible. El Tribunal decretarà la resolutión que se reclame á no haber causas justificadas que le autoricen para señalar plazo.

Esto se entiende sin perjuicio de los derechos de terceros, adquirentes con arreglo á los artículos 1295 y 1298 y á las disposiciones de la ley Hipotecaria.

§. 11.

Dagegen kehrten die auf den Code civil folgenden nächsten Gesetzbücher wieder zu dem alten Prinzip des Erfüllungszwanges zurück.

So bestimmt das österreichische bürgerliche Gesetzbuch vom 1. Juni 1811 im §. 919, Th. II, Hpst. 17.

Wenn der eine Theil nicht zur gehörigen Zeit erfüllt, so ist der andere Theil noch nicht berechtigt, die Aufhebung, sondern nur die Erfüllung des Vertrages und Ersatz zu fordern.

Das bürgerliche Gesetzbuch für Sachsen vom 2. Januar 1863 sagt im §. 864: „Man kann nicht einseitig von einem Vertrage zurücktreten, weil der Gegner noch nicht erfüllt hat."

Auch das schweizer Bundesgesetz vom 1. Januar 1881, Art. 122, giebt dem nicht säumigen Kontrahenten nicht das Recht, sofort vom Vertrage zurückzutreten, sondern er muss dem Gegner immer erst noch eine Frist zur nachträglichen Erfüllung lassen.

Art. 122: Wenn sich bei zweiseitigen Verträgen der eine Theil im Verzuge befindet, so ist der andere berechtigt, ihm eine angemessene Frist zur nachträglichen Erfüllung anzusetzen oder durch eine zuständige Behörde ansetzen zu lassen mit der Androhung, dass mit Ablauf dieser Frist der Vertrag aufgelöst sei.

§. 12.

Nicht uninteressant wird es sein, auch einen Blick auf das englische Recht zu werfen. Wir folgen dabei im Wesentlichen der Darstellung von Lehr, Éléments du Droit civil Anglais 1885, S. 368 ff.

Es giebt Umstände, wo die Nichterfüllung des Kontracts der verletzten Partei Befreiung von der eigenen ursprünglichen Verpflichtung bringt; aber diese Folge tritt nicht immer und nothwendigerweise ein. Ist die Nichterfüllung nur eine theilweise, so ist möglich, dass die Säumniss der einen Partei nicht genügt, um die andere zu befreien, oder wenn sie genügt, dass die verletzte Partei es vorzieht, sich genau an den ursprünglichen Vertrag zu halten vorbehaltlich des Rechts, für den erlittenen Nachtheil Schadenersatz zu fordern. Es giebt also „discharge by breach" nur, wenn besagter Mangel von der Natur ist, die eine Partei von ihren contractlichen Verbindlichkeiten zu befreien.

Im Falle von discharge kann die verletzte Partei 1) daraus eine Einrede entnehmen, wenn die schuldige Partei ex contractu klagt, 2) Schadenersatz und Interesse beanspruchen nach Massgabe der Verletzung des Vertrages, ohne vorher beweisen zu müssen, dass sie erfüllt habe oder bereit gewesen sei zur Erfüllung, 3) wenn sie ganz oder theilweise ihre eigenen Verpflichtungen erfüllt hat, zurückfordern das, was sie schon geleistet hat, vorausgesetzt, dass das Geleistete oder Gegebene Rückforderung möglich erscheinen lässt. Ueber die näheren Umstände, wann Vertragsverletzung (breach of contract) derart ist, um Befreiung (discharge) herbeizuführen, wird Folgendes gesagt: Ein Vertrag kann freiwillig unerfüllt bleiben, sei es, weil die eine Partei erklärt, dass sie beabsichtige, ihrerseits ihre Verpflichtungen nicht zu erfüllen, sei es, weil sie durch ihr eigenes Verschulden die

Ausführung unmöglich gemacht hat, sei es dass sie ganz oder theilweise in Erfüllung ihrer Verpflichtungen säumig ist. Die beiden ersten Fälle können eintreten, bevor eine Partei von der anderen die Erfüllung des Kontracts zu fordern berechtigt ist, der dritte Fall setzt voraus, dass der Kontract schon erfüllbar ist.

Widerruft die eine Partei vor dem für die Erfüllung festgesetzten Termin den Vertrag, so hat die andere das Recht, sich als frei zu betrachten und Schadenersatz und Interesse zu fordern; auch kommt es nicht darauf an, ob ein bestimmter oder unbestimmter Termin ausgemacht ist.

Die Gegenpartei kann den Vertrag für gebrochen ansehen, sobald ihr die andere die Absicht, von dem Vertrage zurückzutreten, mitgetheilt hat, weigert sie sich aber, diesen Widerruf anzunehmen und besteht sie auf der Erfüllung des Kontracts, so bleibt derselbe bestehen zu Nutz und Gefahr beider Parteien dergestalt, dass wenn später der Vertrag aus irgend einem anderen Grunde hinfällig wird, der Verpflichtete nicht gehindert ist, sich auf diesen Erlöschungsgrund zu stützen, um jeden Schadenersatz abzulehnen. Alles Gesagte gilt umsomehr in dem Fall, dass eine Partei sich selbst und freiwillig in die Unmöglichkeit versetzt, ihre Verbindlichkeiten zu erfüllen. Denn der Vertrag giebt jeder Partei das Recht, nicht allein zu fordern, dass die andere ihrerseits am Erfüllungstage ihrer Verbindlichkeiten erfüllt, sondern auch, dass diese sich bis zum Erfüllungstage so verhält, wie es die Erfüllung des Vertrages nothwendigerweise erfordert; von dem Augenblick an, wo sie sich darüber hinwegsetzt, kann der Vertrag unmittelbar als gebrochen angesehen werden, und die andere Partei erwirbt den Anspruch auf Schadensersatz und Interesse. Auch wenn eine Partei während der laufenden Erfüllung des Vertrages ihren Willen kundgiebt, sich nicht länger mehr an den Vertrag zu binden, oder sich in die Unmöglichkeit versetzt, die Bedingungen zu erfüllen, so ist auch die andere Partei nicht mehr an ihre Verpflichtungen gebunden und kann Schadenersatz und Interesse verlangen. In diesem Falle haben die Gerichtshöfe mit Recht dahin entschieden, dass diese letztere Partei nicht nötig hat, ihrerseits die Erfüllung ihrer Verbindlichkeiten anzubieten, weil es klar ist, dass die andere dieses Anerbieten nicht mehr annehmen will oder kann. Wenn aber eine Partei sich der Erfüllung des Kontracts entzieht, ohne dadurch die Erfüllung absolut unmöglich zu machen, so ist häufig nicht leicht zu entscheiden, ob die andere sich dann ipso facto für frei ansehen und einfach Schadenersatz und Interesse beanspruchen kann; man muss dann untersuchen, welches die Absicht der Parteien war, mit anderen Worten, ob ihre Verpflichtungen von einander unabhängig waren oder ob die eine die andere bedingte. Ein Versprechen kann auf verschiedene Art unabhängig sein: 1) es kann ganz selbständig sein, d. h. in jeder Beziehung unabhängig von der Erfüllung von der Gegenseite; in diesem Falle befreit die Nichterfüllung dieses letzteren Versprechens nicht von der Erfüllung, sondern giebt nur das Recht, die Gegenpartei auf Erfüllung zu verklagen; 2) ein Versprechen kann eine theilweise Erfüllung zulassen, es kann z. B. mehrere ähnliche auf einanderfolgende Handlungen enthalten, von denen der Schuldner nur die eine und nicht die andere erfüllt hat, in diesem Falle ist der Gläubiger nicht befreit, sondern kann nur eine Schadloshaltung verlangen, die im Verhältniss steht zu der Leistung, die er noch beanspruchen kann; 3) ein Versprechen kann subsidiär sein, d. h. die nicht erfüllte Abrede ist eine solche, welcher die Parteien nur eine nebensächliche Bedeutung beigelegt haben; in diesem Fall bleibt die verletzte Partei nichts desto weniger an ihre Verpflichtungen gebunden, sie kann sich aber für den ihr zugefügten Nachtheil an der Gegenpartei schadlos halten.

Soviel von Discharge by breach, und damit könnten wir abschliessen. Aber der Vergleichung halber mag auch noch die Frage beantwortet werden, welche Ansprüche einer Partei, die nicht zurücktreten will oder kann, durch ein breach of contract eröffnet werden. Es giebt zwei Arten: sie hat in allen Fällen eine Klage auf Schadensersatz und Interesse, und sie hat in gewissen Fällen eine Klage, welche die Gegenpartei zwingt zur wirklichen Erfüllung des Kontracts (specific performance). Hinsichtlich des Schadensersatzes und Interesses gelten im Grossen und Ganzen dieselben Regeln, wie nach gemeinem, preussischem und andern Rechten, aber hinsichtlich der Zulässigkeit einer Klage auf Naturalerfüllung (specific performance) hat das englische Recht eine eigenartige Entwicklung durchgemacht.

In Fällen, wo eine Geldentschädigung nicht ausreicht, den verletzten Gläubiger für den erlittenen Kontractbruch zu entschädigen, oder wo dieses Mittel illusorisch oder unausführbar war, suchte der Kanzlei-Gerichtshof als Billigkeitsgericht dadurch abzuhelfen, dass er, wenn es möglich war, den Schuldner zwang, den Vertrag zu erfüllen, mittels eines decree of specific performance oder einer injunction. Abgesehen von den Einschränkungen, welche der Thätigkeit dieses Gerichtshofes überhaupt gesetzt waren, z. B. wenn es sich um Versprechen rein freigebiger Natur handelte, oder um Verträge mit Minderjährigen, weigerte das Gericht auch dann gewöhnlich die spezifische Durchführung anzuordnen, wenn der Gegenstand des Vertrags so beschaffen war, dass der Gerichtshof nicht im Stande war, die Durchführung zu beaufsichtigen, z. B., wenn der Gegenstand in Leistung von persönlichen Diensten bestand.

Seit den neueren Gesetzen über die Gerichtsorganisation, die die alten Unterschiede zwischen den ordentlichen Gerichten und den Billigkeitshöfen fallen gelassen haben, kann die spezielle Erzwingung der Ausführung durch irgend eine Abtheilung des Supreme Court of judicature bewilligt werden. Immer aber hat die Abtheilung des Kanzlei-Gerichtshofes eine besondere Competenz in denjenigen Prozesssachen behalten, die sich auf die Naturalerfüllung der Kontrakte zwischen Verkäufern und Käufern von Immobilien beziehen, zu denen noch die Pachtverträge hinzutreten.

§. 13.

Das allgemeine deutsche Handelsgesetzbuch hat endlich die alte Theorie im Bereiche des Handels ganz fallen gelassen, und hat eine möglichst schnelle Erledigung des Geschäfts bei Säumniss des anderen Kontrahenten dadurch herbeizuführen gesucht, dass es dem nicht säumigen Kontrahenten eine grosse Zahl Möglichkeiten gab, wie er bei Säumniss seines Gegners zu einer möglichst günstigen Erledigung des Geschäfts komme.[1]) Die Möglichkeiten, welche das Handelsgesetzbuch anführt, finden sich in Art. 343, Abschnitt 2 und 3; Art. 354 für den Verzug des Käufers, Art. 355 für den Verzug des Verkäufers und 356—359 für den Verzug beider Theile.

Der Verzug berechtigt den nicht säumigen Vertragsteil zu einer dreifachen Wahl. Er kann erstens nachträgliche Erfüllung des Vertrages und Schadenersatz wegen nicht rechtzeitiger Erfüllung verlangen; es kann zweitens der Käufer die Annahme der späteren Leistung verweigern und Schadenersatz für die unterbliebene Leistung fordern, der Verkäufer die Waare auf Rechnung des Käufers zur anderweitigen Veräusserung bringen; es kann drittens jeder Theil vom Vertrag abgehen, gleich als ob derselbe nicht geschlossen wäre.

Hier haben wir also ein wirkliches Rücktrittsrecht. Der Verkäufer hat es jedoch nur, wenn die Waare noch nicht überliefert ist, sonst hat er auch hier nur die Erfüllungsklage.

Will jedoch der nicht säumige Kontrahent seinem Rechte gemäss vom Vertrage zurücktreten, so muss er das dem anderen Kontrahenten anzeigen und ihm dabei, wenn die Natur des Geschäfts es zulässt, noch eine den Umständen angemessene Frist zur Nachholung des Versäumten gewähren. Bei den Fixgeschäften fällt aber auch

---

1) Vgl. Thöl, Handelsrecht, I. (1879) §. 281, 282.

diese Frist fort und der nicht säumige Kontrahent kann nach Art. 357 sofort zurücktreten. Diese ausserordentlich günstige Stellung, deren sich der nicht säumige Kontrahent im Handelsverkehr erfreut, hat ihre volle Berechtigung. Der Handel kann nur bei einem raschen und ununterbrochenen Umlauf der Geschäfte gedeihen und kann man deshalb die Aufnahme dieser §§ ins Handelsgesetzbuch als eine der erfreulichsten Entwickelungen des modernen Rechts mit warmer Sympathie begrüssen.

§. 14.

Wie sich das bürgerliche Gesetzbuch zu dem Rücktrittsrecht des nicht säumigen Kontrahenten stellen wird, ist noch ungewiss.

Der Entwurf hat im §. 360 im Ganzen die Theorie des Landrechts aufgenommen und gestattet nur die Erfüllungsklage; nur für Fixgeschäfte gewährt §. 361 den Rücktritt ohne Weiteres.

Die Motive zu §§. 360 sagen: Der Grundsatz, dass, wenn der eine Vertragsschliessende seine Verbindlichkeit nicht erfüllt, der andere, abgesehen von den durch Gesetz oder Vereinbarung festgesetzten Ausnahmen, deshalb nicht berechtigt ist, einseitig vom Vertrage abzugehen, entspricht dem gemeinen Rechte und ist im österr. Gesetzbuch §. 919, im sächsischen Gesetzbuch §. 864, im hessischen Entwurf Art. 137, 146 Abs. 2 und Dresdener Entw. Art. 151 enthalten.

Der Entwurf hat die dem französischen Rechte entsprechende Auffassung vom Wesen des gegenseitigen Vertrages nicht adoptirt. Er gewährt dem Gläubiger, abgesehen von dem Falle des §. 361, nach Massgabe des §. 369 bei gegenseitigen Verträgen das Rücktrittsrecht zwar, wenn dem anderen Kontrahenten die Leistung infolge eines von diesem zu vertretenden Umstandes ganz unmöglich geworden, im Falle theilweiser, zu vertretender Unmöglichkeit und im Falle des Verzuges des Schuldners aber nur, wenn der nicht unmöglich gewordene Theil, bezw. die verspätete Leistung für den Gläubiger kein Interesse hat.

Daneben hat der Entwurf bei einzelnen Verträgen das Rücktrittsrecht nach Voraussetzungen und Wirkungen noch besonders geregelt. Die gesetzlich gestatteten Fälle des Rücktritts bilden hiernach vom Standpunkt des Entwurfs aus die Ausnahme von der Regel.